A MESSIEURS LES MEMBRES

DU

CONSEIL GÉNÉRAL DE LA HAUTE-MARNE.

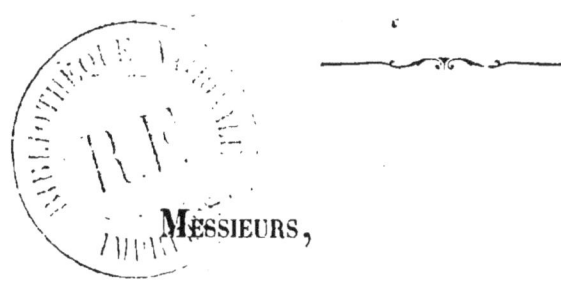

Messieurs,

Le Conseil général, dans sa séance du 25 août 1872, ajournait, jusqu'à l'entier accomplissement de mes obligations envers la Caisse de retraite, l'effet de ma demande en liquidation de ma pension.

Ces obligations, qui consistent dans le versement du reste de l'arriéré que je dois encore à la caisse, je suis prêt à les remplir, me conformant ainsi à votre décision et à la règle posée par les statuts. Mais l'offre de ce versement que j'ai faite à M. le Préfet le 10 juin 1874, a été repoussée par le motif que, n'étant plus employé dans la Haute-Marne, je ne suis plus en communion avec ce département.

Cette mesure, qui équivaudrait à un nouveau désastre, après celui que j'ai essuyé en 1870, entraînerait la perte de la pension due à mes services, si le Conseil général, appelé à les apprécier, ne prenait une décision conforme à mes vœux.

Permettez-moi, Messieurs, de vous rappeler avec quel

esprit d'honnêteté et de bienveillance le Conseil général accueillit ma demande de 1872.

A cette époque, il ne vint à la pensée d'aucun de ses membres de méconnaître mon droit. Bien au contraire, il fut déclaré *incontestable* sous la réserve de l'accomplissement de mes obligations.

M. le Préfet s'exprimait ainsi dans son rapport :

« M. Bacchini, ancien Agent-voyer en chef de la Haute-
» Marne, m'a fait parvenir une demande, appuyée de toutes
» les pièces justificatives réglementaires, à l'effet d'obtenir
» la liquidation de la pension de retraite à laquelle il se
» croit fondé à prétendre au 1er janvier 1875.

« Vous trouverez au dossier le tableau établissant la durée
» de ses services, (34 ans et 26 jours), tant à l'armée, qu'en
» Corse et dans la Haute-Marne.

« Aux termes du décret du 4 juillet 1806, la pension se
» compose d'un soixantième du traitement pendant 30 ans et
» d'un quarantième de ce traitement par chaque année après
» 30 ans, sans pouvoir excéder les deux tiers du traitement
» d'activité calculé sur la moyenne des trois dernières années.

« D'après ces bases, M. Bacchini ayant touché pendant 4
» ans, un traitement fixe de 4,000 fr. le chiffre de la pension
» à liquider serait de 2,407 fr.

« Mais suivant vos décisions, l'article 1er du décret du 3
» janvier 1868 et les engagements des Agents-voyers de la
» Haute-Marne, ceux-ci ne peuvent obtenir une pension de
» retraite qu'à partir du 1er janvier 1875, et à des conditions
» déterminées. Jusqu'à cette époque la liquidation de la pen-
» sion de M. Bacchini ne saurait vous obliger en rien, pas
» plus que la Caisse de retraite, puisque la liquidation de

» cette pension sera nécessairement subordonnée à des obli-
» gations dont l'accomplissement peut seul donner lieu à
» l'ouverture du droit. M. Bacchini, dans l'intérêt de sa
» famille, a voulu d'avance vous saisir de la question. C'est
» à vous qu'il appartient de la trancher. Je n'ai besoin de
» faire appel ni à votre bienveillance ni à votre équité. »

Le rapport de la commission était conçu en ces termes.

« Messieurs,

« M. Bacchini, ancien Agent-voyer en chef de la Haute-
» Marne, actuellement Agent-voyer d'arrondissement de
» Seine-et-Oise, demande le réglement de la pension de
» retraite sur la Caisse des retraites des Agents-voyers de la
» Haute-Marne, pension à laquelle lui donnent droit 34
» années de service, soit dans l'armée, soit comme Agent-
» voyer dans la Corse et la Haute-Marne. *Le droit à l'obten-*
» *tion de la pension est donc incontestable* ; mais jusqu'ici le
» Conseil général, a accepté, comme précédetns, d'ajourner la
» liquidation jusqu'à l'entier accomplissement des obligations
» contractées envers la Caisse des retraites. Comme M. Bac-
» chini n'est pas dans ce cas, ainsi que le constate le rapport
» de M. le Préfet, votre première commission vous propose
» d'ajourner jusque là, la liquidation de la pension de M. Bac-
» chini, *ajournement qui ne peut préjudicier d'une manière
» réelle à sa position jusqu'en 1875.* »

Délibération :

« L'ajournement proposé par la commission est mis aux
» voix et adopté.

« Pareil ajournement a été prononcé à l'égard de M. Collot
» Agent-voyer, pour des motifs identiques.

Vous le voyez, Messieurs, hormis la condition nécessaire du versement de l'arriéré, mon droit était déclaré incontestable et solennellement reconnu ; aucune allusion à des circonstances susceptibles de le détruire n'était produite. Comment donc ce droit, qu'on me reconnaissait en 1872, n'aurait-il plus aucune valeur en 1874 ? Voici en substance les raisons qui, en apparence, en justifieraient tardivement la négation et qui ont été provoquées par la demande à M. le Préfet de m'autoriser à effectuer le complément du versement de mon arriéré.

Si j'avais pris ma retraite en Haute-Marne en vertu de l'acte du 27 octobre 1870, qui me plaçait en disponibilité et m'admettait d'office à la retraite, ces droits restaient debout ; mais ma réintégration, en 1871, bien qu'éphémère (elle n'a duré que six jours) a virtuellement abrogé le précédent et un acte nouveau peut seul le rouvrir ; or, comme je suis employé en Corse, M. le Préfet de la Haute-Marne est sans qualité pour prendre cet arrêté. Il appartiendrait donc au département de la Corse à m'ouvrir ma retraite.

Ces arguments sont évidemment inspirés par l'interprétation de règlements établis pour les situations régulières plutôt que pour celles créées par la guerre et ses suites désastreuses. Rien n'est plus bizarre et plus complexe que la position qui m'a été faite par les malheureux évènements de 1870, et la règle ne saurait plus être ici équitablement invoquée. D'ailleurs on n'a point songé à s'en prévaloir dans la session de 1872, où, dans cet esprit, ma demande n'aurait pu être accueillie que par une fin de non recevoir.

Jeté brutalement sur le pavé après 34 ans de services, sans égard pour une famille nombreuse, sans autre fortune que la place de son chef, en un moment où l'ennemi envahissait le sol de la patrie et où les services publics étaient suspendus, comment aurais-je pu faire liquider ma retraite ? Au surplus elle ne pouvait être payée que le 1er janvier 1875.

Lorsqu'en mai 1871, les temps furent un peu calmés, ce fut précisément parce que l'arrêté du 27 octobre 1870, dont je demandais l'exécution de préférence à tout emploi d'activité, ne pouvait recevoir aucune consécration, qu'un bienveillant sentiment de justice porta M. le Préfet Dupont-Delporte, à me réintégrer dans mes fonctions d'Agent-voyer en chef. Comment aurait-on pu supposer que cet acte de généreuse réparation pourrait m'enlever un jour mon droit à la retraite ou du moins deviendrait un motif d'exclusion de ce droit ? Fallait-il donc, pour ne pas le perdre, (ce dont je ne me doutais nullement d'ailleurs) refuser ma réintégration et attendre la date fatale du 1er janvier 1875 ? Ne fallait-il pas vivre pendant l'intervalle et accepter un emploi quelconque, puisqu'on ne pouvait pas me donner ma retraite ?

Cependant si j'étais resté à ce poste, ma situation serait redevenue régulière et, employé de la Haute-Marne, j'aurais, au 1er janvier 1875, demandé ma retraite à la Haute-Marne. Mais, il n'a pas dépendu de moi d'y rester. Par une bizarrerie du sort, M. le Ministre de l'intérieur qui ignorait ma réintégration du 30 mai 1871, voulut coopérer à mon rétablissement en m'appelant à remplir les fonctions d'Agent-voyer d'arrondissement de Seine-et-Oise. Cette faveur malheureuse me faisait perdre, non-seulement mon grade, mais mes années de service de 1870 à 1875 et élevait par contre coup une barrière à mon admission à la retraite dans ce département.

S'il en était ainsi, il ressortirait de ce fait une singularité remarquable : c'est que, provocateur de l'admission à la retraite des Agents-voyers de la Haute-Marne, je serais dépouillé des bénéfices de mon œuvre et seul exclu de ses bienfaits.

Je me demande comment il serait possible qu'une situation si tourmentée, si indépendante de ma volonté, occasionnée par des évènements si extraordinaires, pût être l'objet de l'application régulière des règlements, et si l'équité et la justice ne doivent pas prendre le pas sur eux? Nul assurément ne voudrait admettre le contraire.

Mais, dit-on, vous avez, dans cette tempête, fini par trouver un refuge en Corse où vous avez été autrefois employé ; c'est à ce département à servir votre pension.

Faut-il rappeler que les situations que j'ai occupées en sortant de la Haute-Marne, n'étaient, dans Seine-et-Oise et ne sont, en Corse, que transitoires, créés par un sentiment bienveillant de M. le Ministre, pour assurer l'existence de ma famille jusqu'au 1ᵉʳ janvier 1875?

Le département de la Corse d'ailleurs ne me reconnaît point la qualité d'Agent départemental, car je n'y suis placé qu'exceptionnellement et, à ce titre, je ne suis pas rétribué sur le budget départemental.

L'on ne saurait raisonnablement objecter que le paiement de ma pension par la Haute-Marne serait onéreux pour sa caisse. Le décret du 3 janvier 1868, qui admet les Agents-voyers à en bénéficier, a déterminé les conditions de versement élevées, pour la circonstance, à un 10 p. 0/0 de manière à garantir le service des pensions à l'époque du 1ᵉʳ janvier 1875, et, pour plus de sûreté, il a déclaré que les sommes résultant des ces versements, seraient capitalisées à part, sans être confondues avec les ressources de la caisse des employés de la Préfecture.

Une objection qui m'a été faite, portant sur une variante du même sujet, exprimerait une sorte de surprise de ce que les versements que j'ai effectués et qui me restent à faire, sont relativement faibles en comparaison du chiffre de la pension qui m'est due.

Cette impression, qui, au premier abord peut paraître naturelle, disparaît facilement si l'on se pénètre bien des conditions dans lesquelles les caisses de retraite ont été instituées et du but philantropique que le législateur à voulu atteindre.

Les premiers décrets ou ordonnances établissant des caisses de retraites pour les employés des ministères et appliqués par la suite aux employés des préfectures, datent de 1808 et de 1826. Ils établissent en principe que les pensions seront payées, dès que les caisses auront, au moyen des retenues opérées sur le traitement des employés, atteint le huitième en rentes du montant des traitements annuels de tous les employés associés.

Or, lorsque le Conseil général fut appelé en 1867 à statuer sur l'admission des Agents-Voyers à participer aux bénéfices de la caisse des employés de préfecture de la Haute-Marne, il fut établi par des calculs sérieux, profondément scrutés par une commission *ad hoc*, que le huitième en rentes exigées par les statuts serait atteint au 1er janvier 1875. (Voir le rapport de la commission dans la session de 1867.)

Veuillez remarquer, Messieurs, que l'admission des Agents-Voyers venait bien tard, et que pour atteindre ce huitième immédiatement, il eut fallu former un capital de

95,881 fr. 51. Le Conseil général ne pouvait évidemment créer, *ex-abrupto*, une rente de 7,050 fr. égale au huitième obligé des traitements s'élevant à 56,400 fr. Il fut décidé que cette rente serait obtenue en sept annuités à laquelle les Agents-Voyers contribueraient pour la majeure partie. En effet les calculs établissaient qu'au moyen d'une retenue de 5 p. 0/0 pour l'arriéré, 5 p. 0/0 pour la retenue réglementaire pendant le temps d'activité et une subvention départementale, on réunirait au 1er janvier 1875 le capital effectif nécessaire au fonctionnement de la caisse.

Vous en trouverez le détail, Messieurs, dans la copie de la lettre ci-jointe que les Agents-Voyers adressaient le 28 janvier 1867 à M. le Préfet, par laquelle ils demandaient leur admission à la retraite.

En compulsant ces documents vous demeurerez convaincus, que, pour obtenir la retraite, les Agents-Voyers de la Haute-Marne n'ont reculé devant aucun sacrifice pour obtenir la juste rémunération de leurs services. Ils consentirent même à abondonner la part qui pouvait leur revenir sur les 1,500 fr. votés annuellement pour gratification, lesquels furent versés désormais, à titre de subvention départementale, à la caisse de retraite.

J'ajoute que dans tous les départements où l'adjonction tardive des Agents-Voyers aux caisses de retraites des préfectures, a eu lieu, ceux-ci n'ont point été appelés à contribuer au versement de l'arriéré. Les départements l'ont pris à leur compte. Celui de la Haute-Marne ne serait pas resté en arrière d'un mouvement si généreux, si vraiment la charge n'eût pas été trop forte pour lui. Force lui fut, bien qu'à regret, de nous faire partager le sacrifice.

Pour ce qui me concerne, ma part fut proportionnelle au nombre de mes années de services et aux divers traitements que j'avais touchés.

J'ai versé pour l'arriéré, du 1ᵉʳ janvier 1868 au 27 octobre 1870, à raison de 14 fr. 02 par mois. 476ᶠ 50
Je dois encore à la caisse environ. . . . . 750 »
Le 1ᵉʳ mois de mon traitement. 333 33
Le 5 p. 0/0 de retenue ordinaire. 556 44
                                                                              2.526 27

Ces dispositions n'ont pas été édictées pour moi seul ; elles régissent tous les employés de la préfecture, les Agents-Voyers et les employés de l'asile des aliénés ; les retraites de MM. Brigonet, Jardel, Chardon et autres ont été basées et réglées sur ces principes. L'on peut consulter, à ce sujet, l'état général que je dressai pour la circonstance et qui fixe la part des retenues à exercer sur chaque Agent-Voyer.

Sans doute lorsque plusieurs employés demandent leur retraite en même temps, le service des pensions pour éprouver quelque souffrance. Le huitième en rentes obligé, n'a été prévu que pour faire face à des obligations dont le cercle ne s'étend pas au delà de probabilités rationnelles. Mais les statuts ont prévu le cas où le budget départemental ne pourrait répondre à toutes les demandes ; l'art. 16 du décret du 4 juillet 1806, donne la priorité au plus ancien de service et je suis le plus ancien, puisque je suis entré au service le 28 septembre 1836.

Je me résume : Au 27 octobre 1870, M. le Préfet de la Haute-Marne me mettait en disponibilité et d'office à la retraite, n'ignorant pas que j'avais déjà acquis 34 ans de services. Dès ce moment j'avais droit à la pension. Mais cette pension, ne pouvait s'ouvrir que le 1er janvier 1875 et j'avais le droit de vivre dans l'intervalle. Mon droit à la pension ne peut être éteint par la nécessité de m'employer en attendant cette échéance.

M. le Préfet et le Conseil général, qui me savaient employé en 1872, dans Seine-et-Oise, l'ont reconnu hautement, nonobstant ma remise en activité de service hors de la Haute-Marne, et le Conseil n'en a ajourné la liquidation que par défaut du versement complet de l'arriéré exigé par les statuts.

J'ai, pendant 14 ans de séjour en Haute-Marne, appris à connaître les hommes éminents qui composent le Conseil général. Je n'en sais pas de plus généreux et de plus équitables. Ils l'ont prouvé dans un cas à peu près analogue quand il s'est agi d'assurer une pension à la veuve de M. Girardot, mort avant 30 ans de services, sans avoir demandé préalablement sa retraite proportionnelle. Un généreux subterfuge régularisa sa position et le Conseil général le confirma. C'était, il est vrai, un enfant du pays; mais, je l'ai été aussi pendant 14 ans, de cœur et d'âme, et je n'en fusse jamais sorti si l'on ne m'en avait brutalement banni.

Je remets, avec confiance, ma cause entre les mains du Conseil général. Je n'ai point perdu le souvenir de ceux de ses membres qui m'ont constamment honoré de leur estime pas plus que des regrets qu'ils m'ont généreusement exprimés dans de pénibles circonstances. Ce n'est pas à eux que l'on peut appliquer cet adage ! *Loin des yeux, loin du cœur.*

Ajaccio, le 20 septembre 1874.

BACCHINI,
Ancien Agent-Voyer en Chef de la Haute-Marne.

Ajaccio, Imp. J. Pompeani et Lluis.

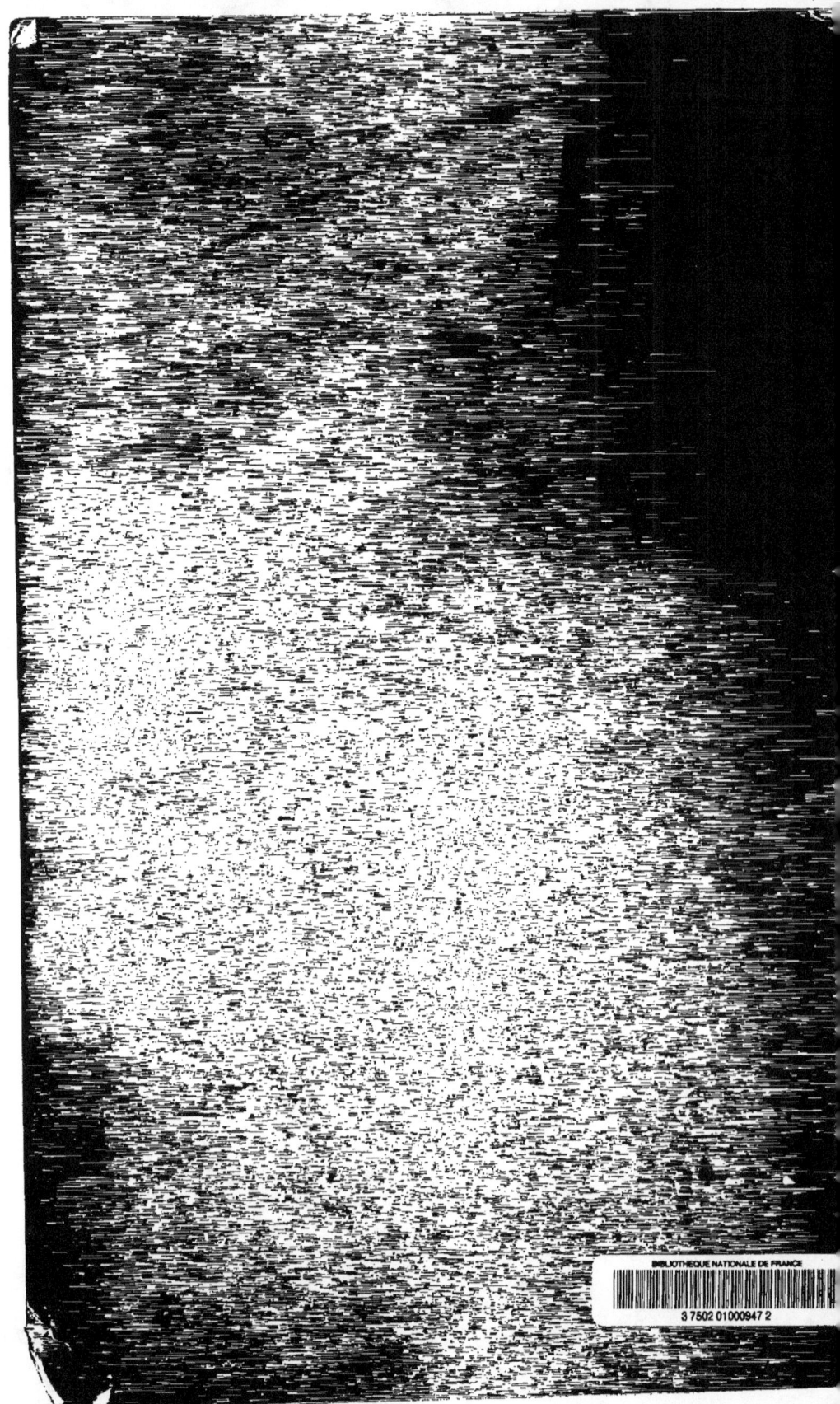

www.ingramcontent.com/pod-product-compliance
Lightning Source LLC
Chambersburg PA
CBHW071417060426
42450CB00009BA/1929